그럴 수도 있고,
아닐 수도 있지

Published 1993 by Prometheus Books

Maybe Yes, Maybe No: A Guide for Young Skeptics. Copyright©1990 by Dan Barker. All right reserved. No part of this publication may be reproduced, stored in a retrieval system, or transmitted in any form or by any means, digital, electronic, mechanical, photocopying, recording, or otherwise, or conveyed via the Internet or a Web site without prior written permission of the publisher, except in the case of brief quotations embodied in critical articles and reviews.

Interior design by Valerie Ferenti-Cognetto
Illustrated by Brian Strassburg
Korean translation Copyright© 2013 by Jisik Gonggan
Korean edition is published by arrangement with Prometheus Books through BC Agency, seoul

이 책의 한국어 판 저작권은 BC 에이전시를 통한 저작권자와의 독점 계약으로 지식공간에 있습니다.
저작권법에 의해 한국 내에서 보호를 받는 저작물이므로 무단전재와 복제를 금합니다.

그럴 수도 있고, 아닐 수도 있지

초판 1쇄 발행 2013년 8월 16일
초판 6쇄 발행 2025년 1월 20일

지은이 댄 바커
그린이 브라이언 스트라스버그
옮긴이 이 윤
감　수 송광용
펴낸이 김재현
펴낸곳 (주)센시오

출판등록 2009년 10월 14일 제300-2009-126호
주소 서울특별시 마포구 성암로 189, 1707-1호
전화 02-734-0981
팩스 02-333-0081
메일 sensio@sensiobook.com

ISBN 978-89-97142-19-4 73400

이 책은 저작권법에 따라 보호받는 저작물이므로 무단 전재와 복제를 금지하며,
이 책 내용의 전부 또는 일부를 이용하려면 반드시 저작권자와 지식공간의 서면동의를 받아야 합니다.

잘못된 책은 구입하신 곳에서 바꾸어드립니다.

소중한 원고를 기다립니다. sensio@sensiobook.com

그럴 수도 있고,
아닐 수도 있지

· 댄 바커 지음 이윤 옮김 송광용 감수 ·

지식
공간

부모님께

《그럴 수도 있고, 아닐 수도 있지》는 부모님이 자녀에게 줄 수 있는 가장 가치 있는 책이 될 것입니다. 요즈음 아이들은 수많은 대중매체들이 쏟아 내는 정보와 주장들, 그리고 각종 유혹에 노출되어 있지요. 이런 외부 환경은 사리 분별이나 판단력이 부족한 아이들에게 유해할 수 있습니다. 아이들은 상황을 제대로 인식하거나 통제할 능력을 갖추고 있지 않기 때문이죠. 따라서 부모님이 할 수 있는 최선의 것은 아이들에게 '사고력'을 키워 주어 합리적 판단력과 문제 해결력을 갖게 해 주는 일입니다. 아이들이 조금이라도 더 어릴 때, 자신들의 생각을 키울 수 있도록 이끌어 주어야 합니다. 그래야만 아이들은 자기 신뢰감 속에서 자신의 생각을 확장시켜 나갈 수 있습니다.

《그럴 수도 있고, 아닐 수도 있지》는 바로 생각을 키우는 일을 할 수 있도록 도와줍니다. 주인공 안드레아가 문제를 해결해 나가는 과정에서, 아이들은 불합리하고 미신적인 설명을 그냥 받아들이지 않고, 질문을 하고, 사실을 밝혀 내고, 비판적으로 생각함으로써 미궁에 빠진 문제를 어떻게 풀 것인가를 배울 것입니다.

이 책은 아이들이 합리적으로 의문을 품는 방법과 문제 해결에 활용할 수 있는 과학적 사고의 원칙들을 간단히 설명합니다. 이 책으로 아이들은 합리적 의문과 과학적 사고가 가져다주는 보상의 즐거움을 누리게 될 것입니다.

옮긴이의 말

여러분은 자신이 읽은 책이나 경험들이 마음속에서 꿈틀거리는 느낌을 받은 적이 있나요? 저는 《그럴수도 있고, 아닐 수도 있지》를 읽고 그런 느낌을 받았어요. 2012년 7월 어느 날 저는 이 책을 만났어요. 다양한 표정과 행동을 하고 있는 아이들을 표지에서 만났어요. 그 아이들이 저를 향해 달려들었지요. 저는 그 아이들에게 만나서 반갑다는 인사를 하며 책 속으로 들어갔어요. 책장을 넘기며 저는 금방 이 책에 빠졌어요. 여름날에 만난 유령 이야기는 무섭다기보다 저에게 사고의 힘을 보여준 작은 사건이었어요. 한 문장 한 문장 꼼꼼하게 분석하고, 문장 도해를 해 가며 끝까지 읽었어요. 뇌 세포들이 분주하게 움직이는 소리가 들리는 것 같았어요. 정말 재미있었거든요. 이 책의 주인공 안드레아를 보며 부럽기도 했답니다. 어쩜 저렇게 합리적일 수 있담? 여러분도 안드레아를 만난다면 저랑 똑같이 느낄걸요.

저는 안드레아를 보며 이상한 나라의 '엘리스'를 떠올렸어요. 엘리스는 우리에게 새로운 세계를 보여 주었잖아요. 엘리스는 지난 150년 동안 우리를 상상력이 가득한 세계로 이끌어 주었어요. 안드레아는 우리에게 의심으로부터 시작해서 논리적이고 합리적인 사고가 만든 세계를 보여 주어요.

저는 엘리스의 〈상상의 세계〉와 안드레아의 〈합리적이고 논리적인 과학의 세계〉가 합쳐진다면 우리의 세계는 하늘 끝까지 닿으리라는 생각이 들었어

요. 풍부한 상상력과 합리적인 사고력을 모두 갖춘 우리를 기대하면서, 저는 이 책의 주인공인 안드레아를 소개하기로 마음먹었어요.

《그럴수도 있고, 아닐 수도 있지》의 키워드는 'skeptic(스켑틱)'이에요. 주인공 안드레아를 'skeptic'이라고 표현하고 있거든요. 사전을 찾아보니 '회의철학자, 회의론자 또는 의심이 많은 사람'이라는 뜻이었어요. '충분한 근거가 없을 경우 판단을 보류하거나 중지하는 사람' 또는 '모든 사람이 그렇다고 인정하는 상식에 도전하여 새로운 진리를 찾아내는 사람'이지요. 여기서 '회의(懷疑)'라는 단어가 부정적인 의미로 쓰일 때도 있지만, '호기심이 많아 자기의 생각으로 새로운 진리를 찾는 사람, 고정 관념을 깨뜨리고 더 다양하고 살기 좋은 곳으로 만드는 사람'이 바로 'skeptic'이지요. 멋지지 않나요? '생각쟁이, 의심꾸러기, 의심이 많은 아이' 등으로 번역할 수 있지만, 저는 '합리적 회의주의자'라고 번역하기로 했어요.

저는 이 책을 읽는 모든 사람들이 지극히 상식적인 것마저도 일단 '그럴 수도 있고 그렇지 않을 수도 있지'라고 말하며, 한 걸음 더 나아가면서 생각하기를 바라요. 나아가 어떤 이야기가 진짜인지 아닌지를 말하기 전에 이 책에 나오는 여섯 가지 원칙들을 잘 활용했으면 좋겠어요. 그러면 우리 모두는 안드레아처럼 생각이 부쩍 자랐다는 것을 느낄 수 있을 거예요. 합리적인 의심꾸러기로, 비판적으로 과학적으로 사고를 할 줄 아는 사람으로! 정말로!

이윤

"유령은 정말 있는 걸까?"

우리 함께 주인공 안드레아를 따라 유령의 정체를 밝혀볼까요?

안드레아예요.
안드레아는 낯설고 이상한 이야기를 들으면
덮어놓고 믿기 전에 먼저 의문을 품어요.
"이게 사실일까?" 하고 말이죠.

안드레아처럼 의문을 갖고
생각하는 사람을 '합리적 회의주의자'라고 불러요.

안드레아처럼 생각하는 사람은

증거를 찾기 전에는 의심을 풀지 않아요.

증거를 찾은 뒤에야 비로소

그 이야기가 참인지 거짓인지 알 수 있다고 생각하지요.

안드레아는 아무리 친구의 말이라고 해도
이상하다 싶으면 곧이곧대로 받아들이지 않아요.
자기 눈으로 확인해 보려고 하지요.

여러분도 이상한 이야기를 듣고 철석같이 믿었던 적이 있을 거예요.
그런데 안드레아는 자기 두 눈으로 확인하기 전까지는
믿지 말아야 한다고 생각해요.
어떤가요, 여러분도 그렇게 생각하나요? 그렇다면 우리 함께
안드레아를 따라 유령의 정체를 찾으러 가 볼까요?

안드레아는 지금 친구의 말에 귀를 기울이고 있어요.
상대의 말을 한마디도 빼놓지 않고 듣는 것은 무척 중요해요.

안드레아의 의심이 시작돼요.

그건 정말 유령 소리였을까?

토미는 잠결에

무언가 시끄러운 소리를 들었다고 했어요.

안드레아는 토미의 말이 앞뒤가 맞지 않다는 점을 발견해요.

유령보다는 꿈을 꾸었다고 설명하는 게

훨씬 이치에 맞다고 생각하지요.

안드레아는 토미가 소리의 정체를 모르고 있다는 점을 지적해요.
그리고 다른 소리였을지 모른다고 토미에게 설명해요.

안드레아는 책으로 무언가를 배울 수 있다는 걸 잘 알아요.
하지만 때로는 책이 틀리기도 하지요.

만약 책이나 사람들의 말이 서로 다르다면 여러분은 어떻게 할 건가요?

여러분 눈으로 직접 확인해 봐야 하지 않을까요?

안드레아는 친구들이 놀려도 신경 쓰지 않아요.

안드레아는 어젯밤에 무슨 일이 벌어졌는지 알고 싶어 해요.

안드레아는 사건의 앞뒤를 하나도 빼지 않고 알고 싶어 해요.

안드레아는 친구들이 하는 말을 하나도 빠뜨리지 않고 열심히 들어요.

유령을 봤다면 어떻게 생겼는지도 알고 있겠지요?
안드레아는 그게 궁금했어요.

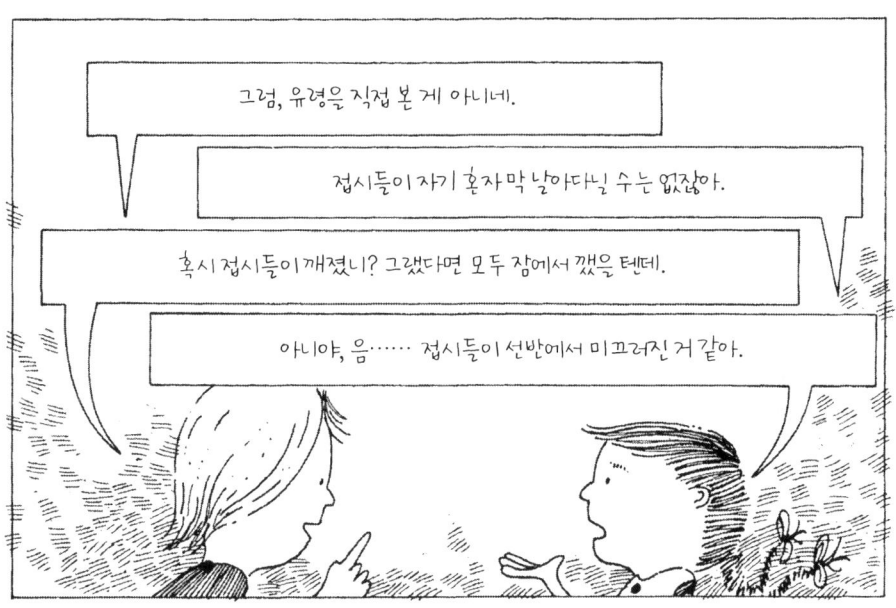

안드레아는 궁금증이 풀릴 때까지 계속해서 질문을 던져요.

접시가 식탁으로 옮겨졌다…… 누가 옮겼을까?
안드레아는 토미의 가족 중 한 명을 떠올려요.

완다네 엄마는 잠자기 전 밤 열 시에 차와 파이를 먹었다고 하셨어요.

안드레아는 드디어
어젯밤 이상한 소리의 정체가 무엇인지 알게 되었어요.

어떤 사람들은 솔직하게
실수를 인정하고 생각을 고쳐요.
물론 그렇지 않은 사람들도 있지요.

여러분은 어떻게 생각해요?

유령이 진짜 있다고 믿어요?

안드레아처럼 생각하는 사람들이 믿지 않는 건 유령만이 아니에요.

우리가 좋아하는 UFO 이야기도 마찬가지죠.

UFO 이야기 중에는 사람들을 속이려고 일부러 꾸며 낸 것도 있어요.

여러분은 어떻게 생각해요?

어떤 사람은 특별한 힘을 사용해서 다른 사람이 볼 수 없는 것들을
보거나 알 수 있다고 말해요. 정신을 집중하면 마술을 부릴 수 있다고
하지요. 이를 **초능력**이라고 해요.

어떤 사람은 다른 사람의 속마음을 읽을 수 있다고 해요.

우린 이를 **텔레파시**라고 알고 있어요.

어떤 사람은 정신을 집중하면 물건을 옮길 수 있대요.

이를 **염력**이라고 해요.

어떤 사람은 미래에 일어날 일을 미리 알 수 있대요.

이를 **예언**이라고 하죠.

어떤 사람은 자신의 몸 밖으로 빠져나와 먼 곳을 갈 수 있다고 말해요.

이를 **유체이탈**이라고 해요.

사람들은 정신을 집중해서 신기한 여러 가지 일들을
시도해 보려고 해요. 하지만 안드레아 같은 사람은 그런 일들은
증거가 충분하지 않아서 믿을 수 없다고 말하죠.

여러분은 어떻게 생각해요?

어떤 사람은 막대로 땅속에서 물길을 찾을 수 있대요.

이를 **수맥 찾기**라고 해요.

어떤 사람은 공중에 떠 있을 수 있다고 해요. 이를 **공중 부양**이라고 하죠.

어떤 사람은 별을 보고 미래를 점칠 수 있대요.

이를 **별점**, 혹은 **점성술**이라고 해요.

어떤 사람은 주술이나 기도로 병을 치유할 수 있다고 해요.

이를 **신앙요법**이라고 하죠.

하지만 안드레아 같은 사람은 증거가 충분하지 않으면 믿지 않아요.

여러분은 어떻게 생각해요?

안드레아처럼 생각하는 사람은 기적을 믿지 않아요.
기적은 자연의 법칙을 깨는 것인데,
자연의 법칙은 절대 변하지 않기 때문에
기적은 일어날 수 없어요.
불가능한 일이지요.

많은 종교가 놀라운 이야기를 들려주곤 해요.
인간처럼 말을 하는 동물, 뱀으로 변하는 나뭇가지,
눈앞에서 사라졌다가 갑자기 나타나는 요정의 이야기도 있어요.

어떤 종교는 신에게 기도하면 간절히 원하는 걸 얻을 수 있다고 말하죠.

어떤 종교는 천사, 악마, 유령, 죽은 사람들이 사는 세계가
따로 있다고 말해요.
어떤 종교는 폭풍이 신이나 악마가 일으킨 거라고 말해요.
그리고 질병, 불, 지진, 홍수를 일으키고, 식물과 동물이 성장하는 것도
모두 신이나 악마가 하는 일이라고 말해요.

그러나 안드레아 같은 사람은 이런 현상들을
자연의 법칙으로 설명하려고 해요.
옛날 사람들은 번개가 신이 화가 나서 일으킨 거라고 생각했지만,
지금 우리는 번개가 전기 현상이라는 걸 알고 있어요.

과학은 우리가 세계에 대해 배우고 알아가는 학문이에요.
과학자는 이 가운데 무엇이 참인지 거짓인지를 밝히기 위해
노력하는 사람이죠.

모든 사람이 과학자가 될 수는 없어요.
하지만 모두가 과학을 활용할 수는 있어요.

훌륭한 과학자가 되고 싶나요?
그럼, 다음의 여섯 가지 법칙을 잘 지켜야 해요.

첫 번째 법칙 :

확인 하라!

우리가 듣고 읽은 것을 무작정 믿어서는 안 돼요.
만약 어떤 것이 진실이라면
그것이 참인지를 스스로 확인할 수 있어야 해요.

만약 친구나 내가 확인을 못 한다면
그것이 참인지를 어떻게 알아낼 수 있을까요?

참인지 아닌지를 확인하는 방법은 매우 많아요.
질문은 그중 하나지요.

안드레아는 계속 질문을 해서 유령의 정체가
참인지 거짓인지를 알아냈어요.

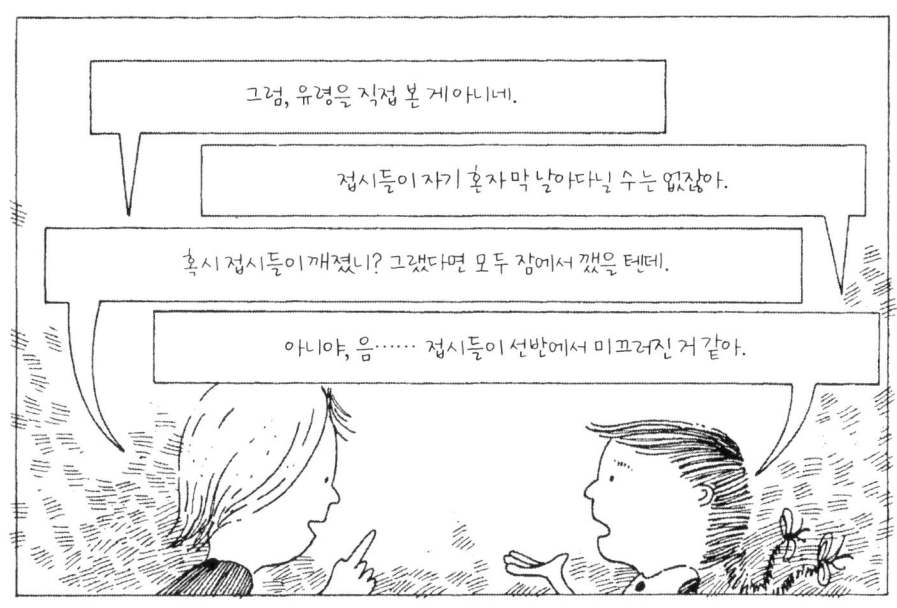

질문 말고도 어떤 사실을 확인하는 특별한 도구들이 있어요.
망원경, 현미경, 레이더, 음파 탐지기, 온도계, 확대경 같은 도구들이죠.

컴퓨터와 책도 어떤 사실이나 현상을 확인할 수 있는
좋은 도구예요.

하지만 이런 특별한 도구가 없어도
우리에게는 눈과 귀가 있어요.

보고, 듣고, 냄새 맡고, 맛보고, 느끼는 우리 몸이
과학 도구인 셈이지요.

어떤 사실을 확인할 때는
여러 가지 방법을 동시에 써 보는 게 좋아요.
예를 들어, 한 사람이 무언가를 봤다고 하면,
그것은 참일 수도 있고, 거짓일 수도 있어요.

그런데 두 사람, 세 사람, 네 사람이 똑같은 걸 봤다고 하면,
참일 가능성이 더 커지지 않을까요?

하지만 설령 백만 명의 사람들이 어떤 것을 참이라고 주장하더라도,
그것이 참인지 거짓인지 반드시 자기 눈으로 확인해야 해요.

훌륭한 과학자는 탐정 같은 사람이에요.
진실을 밝혀내기 위해 곰곰이 생각하죠.
"어떤 특별한 방법을 사용해야 할까?"

발자국이나 지문을 찾아볼 수도 있겠죠.
전문가에게 도움을 구할 수도 있고요.
사진을 찾아보는 것도 좋은 방법이에요.
녹음을 해서 들어보는 것도 좋아요.

사실을 확인하려면 또 어떤 방법이 있을까요?

두 번째 법칙 :

다시 한번 확인하라!

한 번 확인했어도

다시 한 번 확인해 봐야 해요.

만약 여러분이 검사나 실험을 한다면,

반복해서 해 봐야 해요.

검사나 실험을 반복할 수 없다면,

그것이 참인지 거짓인지를 확실히 알 수 없어요.

예를 들어, 어떤 사람이 미래에 일어날 일을 알아맞혔다고 하면,
그 사람에게 다시 한 번 맞혀 보라고 하세요.
어쩌면 우연히 맞힌 건지도 모르니까요.

다음 번에는 틀렸다면 진짜라고 하기 어려워요.

어떤 사람이 정신을 집중해서 공중에 떠 있었다고 하면,
다시 한 번 해 보라고 하세요.

어떤 사람이 마술이나 기도로 병을 낫게 했다고 하면,
다시 한 번 해 보라고 하세요.

어떤 것이 진짜 참이라면
반복해서 할 수 있어야 해요.

세 번째 법칙 :

그게 틀렸다는 것을 증명해 보라!

증명하는 방법에는 두 가지가 있어요.
어떤 사람은 '그게 옳다'는 것만 증명하려고 해요.
하지만 훌륭한 과학자는 '그게 틀렸다'는 것도 증명하려고 하지요.

이렇게 생각해 보세요.
'그것은 참이다.'라고 한다면 '그것은 거짓이 아니다.'를 의미해요.

만약 '거짓'을 증명하려다 실패했다면,
그것은 '참'일지도 몰라요.
그런데 만약 '거짓'을 증명할 방법이 전혀 없다면,
'참'인지도 결코 증명할 수 없어요.

간혹 어떤 사실이 참인지를 검증하는 일은 아주 어려워요.
보통은 어떤 사실이 거짓인지를 검증하는 일이 더 쉬워요.

예를 들어, 누군가가 '모든 북극곰은 하얗다.'라고 주장하면,
어떻게 증명할 수 있을까요?

온 세상에 있는 북극곰 하나하나를 모두 찾아서 확인해야 할 거예요.
흰 북극곰 수천 마리를 봤다고 해서
'모든 북극곰은 하얗다.'라는 말이 맞는지 틀린지 증명하지는 못해요.

그런데 만약 검은 북극곰 한 마리를 봤다면?
또는 붉은 북극곰 한 마리를 봤다면?
그럼 '모든 북극곰은 하얀 것이 아니다.'를 증명하게 되는 거죠.

반대로 흰색이 아닌 북극곰을 단 한 마리도 못 보았다면,
'모든 북극곰은 하얗다.'라는 말을 입증할 가능성이 커지겠죠.
하지만 아직 확실히 증명된 건 아니에요.

자, 이제 생각을 정리해 볼게요.

이상하게 들리겠지만,
때로 무엇이 참이라는 걸 증명하는 가장 좋은 방법은
반대로 그것이 거짓이라는 걸 증명하는 것이랍니다.

네 번째 법칙 :

아주 훌륭한 과학의 법칙이죠.

단순하게 하라!

만약 한 가지 방법은 복잡하고,
다른 한 가지 방법은 간단하다면,
과학자들은 보통 간단한 방법을 선택한답니다.

예를 들어, '물체는 왜 아래로 떨어질까?'를 생각해 볼까요?

한 가지 설명은,

물체를 손에서 놓았을 때 그 물체를 땅바닥으로 미는

'보이지 않는 새'가 있다고 가정해 보는 거예요.

'중력'으로 설명을 해 보는 방법도 있어요.

그런데 보이지 않는 새가 진짜 있다고 하면,

우리는 새가 거기에 있는 걸 어떻게 알 수 있을까요?

어째서 새 울음소리가 들리지 않을까요?

그 새는 어디에서 살고 무얼 먹을까요?

왜 그 새는 물체를 아래로만 밀고, 위로는 밀어 올리지 않을까요?

그런 새는 세상에 몇 마리나 살고 있을까요?

우리가 물체를 언제 떨어뜨릴지, 그 새는 어떻게 알까요?

이 물음들에 답하기란 쉽지 않아요.

중력으로는 좀 더 쉽게 설명할 수 있어요.

중력은 한 사물이 다른 사물을 끌어당기는 힘이에요.

지구와 사과는 모두 중력을 갖고 있어요.

사과보다 지구가 더 세게 끌어당기기 때문에

사과가 지구 쪽으로 떨어지는 거지요.

사과도 지구를 끌어당기지만 그 힘이 너무 약해서

우리는 전혀 알아채지 못해요.

'중력'과 '보이지 않는 새' 중에서

여러분은 어떤 걸 선택할래요?

누군가가 터무니없는 이야기를 믿으라고 하면,
그래선 안 되는 이유를 '단순하게' 설명할 수 있어야 해요.

그 사람이 잘못 생각했을 수도 있고,
어쩌면 실제보다 이야기를 크게 부풀려서
과장하고 있을지도 몰라요.
또 거짓말을 하고 있는 건지도 모르죠.

자신은 진실을 말하고 있다고 착각하지만,
다른 사람의 실수나 거짓말을 똑같이 되풀이하고 있는 건지도 몰라요.
아니면 자신의 이야기가 터무니없다는 사실을 모를 수도 있어요.

어쩌면 그 사람의 말이 참일 수도 있겠지요.
그래도 우리는 항상 더 단순하게 설명할 수 있는 방법을 찾아야 해요.

다섯 번째 법칙 :

과학에서 아주 중요한 법칙이죠.

이치에 맞아야 한다!

만약 어떤 사실이 참이라면

그것은 혼란스러워서는 안 돼요.

말이 되어야 해요.

다시 말해, 그것이 이치에 맞는지를 아주 신중하게

생각해 봐야 한다는 의미예요.

예를 들어,

어떤 사람이 밤에도 태양이 빛나는 걸 봤다고 한다면,

이것은 이치에 맞는 말일까요?

만약 태양이 빛나고 있다면 밤일 리가 없지요.

만약 밤이라면 태양이 빛나고 있을 리가 없고요.

안드레아처럼 생각하는 사람은
항상 모든 것을 열린 마음으로 바라보지요.
'밤에도 태양을 볼 수 있지 않을까?'

만약 지구 바깥에 아주 커다란 거울을 세워 놓으면
거울에 반사된 햇빛이 지구를 비출 수 있을 거예요.
그러면 밤에도 태양이 빛난다고 할 수 있겠지요.

지구 위에 높이 떠 있는 우주선에서라면
낮과 밤을 동시에 볼 수 있을 거고요.

그런데 거울도 없고, 우주선도 없다면,
그리고 다른 방법도 없다면,
밤에 태양을 볼 수 있다는 말이 이치에 맞을까요?

어떤 사실이 참이라면 반드시 이치에 맞아야 해요.

여섯 번째 법칙 :

절대 깨뜨려서는 안 되는 과학의 법칙이에요.

정직하라!

어느 밤에

여러분이 창밖으로 날아가는 비행접시를 보았다고 해 볼까요?

그리고 이튿날,

친구들에게 우주에서 온 생명체를 보았다고 얘기했어요.

그런데 비행접시가 아니라 지붕에서 떨어진 원반이란 걸
알게 되었다면 여러분은 어떡할래요?

친구들에게 진실을 말할래요?
잘못 보았다고 인정할 수 있어요?

우리는 누구나 이런 실수를 할 수 있어요.
하지만 훌륭한 과학자라면 자신의 실수를 주저 없이 인정한답니다.

때로 사람들은 무언가를 믿고 싶어 해요.

그것이 참인지 확인해 보지 않고 무작정 믿지요.

다시, 또 다시 반복해서 확인하지도 않고요.

또 그것이 틀렸다는 걸 밝혀내는 실험도 무시하죠.

실제로는 타당하지 않은데 타당한 것처럼 속이기도 해요.

그리고 자기들이 옳다는 걸 입증하려고 거짓말을 지어내기도 하지요.

이 모두가 정직하지 않은 행동이에요.

왜 어떤 사람은 정직하지 않을까요?

아마 다른 사람이 모르는 사실을 아는 척하면서
자신이 특별하고 중요한 사람이라는 걸 알리고 싶은 거예요.
아니면 자기가 틀렸다는 걸 인정하면 창피해서 그럴지도 모르지요.
사람들을 속여 큰돈을 벌려고 하는 건지도 몰라요.
아니면 자신이 믿는 종교 때문에
마음을 바꿀 수가 없어서인지도 모르고요.
정직하게 말하면 친구들을 잃을지도 모른다고 생각할 수도 있어요.
또는 진실 그대로가 자기 마음에 들지 않아서
이야기를 근사하게 꾸민 것인지도 몰라요.

정직하지 않은 사람은 무엇이 참인지 정말 모를 수도 있어요.

무엇이 거짓인지를 밝혀내는 일에는 관심이 없거든요.

자신의 마음을 바꾸고 싶지 않은 거지요.

하지만 정직한 사람은 그것이 참이든 거짓이든,

항상 진실을 알고 싶어 해요.

열린 마음을 가지고 있기 때문이지요.

무엇이 참인지 거짓인지를 결정하기 전에,
여섯 가지 과학의 법칙을 꼭 기억하세요.

확인하라!

다시 한 번 확인하라!

그게 틀렸다는 것을
증명해 보라!

단순하게 하라!

이치에 맞아야 한다!

정직하라!

우리도 안드레아처럼 과학적으로 생각할 수 있어요.
다른 사람이 무언가 생각해 볼 문제를 이야기한다면 잘 들어 보세요.
그 사람의 말이 옳을 수 있으니까요.

하지만 그 사람이 틀릴 수도 있어요.
우리는 무엇이 참이고 거짓인지를 스스로 판단해야 해요.
서두를 필요는 없어요.
자기만의 방식으로 하면 돼요.

이제 안드레아처럼
혼자 힘으로 생각하는 방법을 알게 되었지요?

누군가가 어떤 이야기를 믿어 달라고 하면,
"예."라고 말할 거예요? "아니요."라고 말할 거예요?
만약 여섯 가지 과학의 법칙을 잘 지켰다면,
"예."든 "아니요."든 상관없어요.

하지만 분명하지도 않고 과학의 여섯 가지 법칙을 따르지도 않았다면, 좀 더 기다리는 게 좋아요.
"난 잘 몰라." 이렇게 답하는 게 좋겠지요.

만약 증거가 없다면 어떻게 말해야 할까요?

| 감수의 말 |

어린이 철학자들에게 진리를 찾는
두 가지 방법을 알려 줄게요.

이 책은 진리를 찾는 두 가지 방법을 제시하고 있습니다. 하나는 어떤 사실을 믿기 전에 먼저 이것저것 의심을 해 보는 '합리적 회의'이며, 다른 하나는 과학적 사고로 안내하는 '사고의 원칙들'입니다.

의심하라! 이를 '합리적 회의'라고 해요.

아주 먼 옛날, 사람들은 지구가 평평하다고 믿고 바다 끝으로 항해해 가면 밑으로 떨어질 거라고 생각했습니다. 그 당시 이는 당연한 믿음이었지요. 하지만 많은 사람들의 믿음을 의심하고 용기 있게 '아니다'라고 말하고 행동으로 옮긴 사람들이 있었습니다. 바로 '갈릴레오'와 '콜럼버스'였지요. 이들의 의심과 용기가 지구가 둥글다는 것을 밝혀냈습니다. 이를 밑거름으로 새로운 세

계가 열렸습니다. 그래서 우리는 지금 '지구촌'에 살고 있습니다.

지금으로부터 500여 년 전, 데카르트라는 프랑스 철학자가 있었습니다. 그의 관심은 가장 확실한 진리를 찾는 것이었어요. 그래서 이 철학자는 세상의 모든 사실을 의심하기로 마음먹었습니다. 심지어 '1+1=2'라는 가장 확실해 보이는 수학적 진리도 의심하였습니다. 이것을 흔히 '방법적 회의'라고 부릅니다. 이것은 어떤 사실을 의심함으로써 확실한 진리를 찾아가는 태도인 합리적 회의이기도 합니다. 이렇게 의심을 해 보니 결코 의심할 수 없는 것이 하나 있다는 것을 알아냈습니다. 즉 모든 것을 의심한다고 하더라도 '의심하는 나'의 존재는 의심할 수 없다고 결론 내렸습니다. 그래서 데카르트는 "나는 생각한다. 그러므로 나는 존재한다."라는 유명한 말을 남겼습니다. 이 말은 서양 철학사에서 근대 철학을 여는 단초가 되었어요.

의심은 생각을 일으키는 원동력입니다. 의심은 당연한 것을 당연한 것으로 받아들이지 않는 태도입니다. 이 의심이 새로운 것을 발견하도록(창의력) 해 주며, 결과적으로 이 세상을 새롭게 밝혀 줍니다.

과학적(합리적) 사고를 위한 '원칙 6가지'를 꼭 지키세요.

1. 검증의 원칙 – 확인하라!

가설은 실험이나 관찰을 통하여 확인되어야만 진짜 이론, 즉 진리가 됩니다.

실험이나 관찰을 통해 확인하는 것을 검증의 원리라고 합니다.

2. 반복의 원칙 - 다시 한 번 확인하라!

진리는 언제나, 어디서나, 누구에게나 '참'이어야 합니다. 이것을 어려운 말로 '보편성'이라고 합니다. 서울에서는 '참'인데, 전주에서는 '참'이 아니면 진리가 아닙니다. 나에게는 '참'인데, 친구에게는 '거짓'이라면 그것은 진리가 아닙니다. 진리는 어제는 참이고 오늘은 거짓일 수 없습니다. 진리는 언제나 어디서나 누구에게나 똑같아야 합니다. 똑같이 반복적으로 일어나야 합니다. 이것이 반복의 원리입니다.

3. 귀납법 - 틀렸다는 것을 증명해 보라!

귀납법은 과학의 바탕을 이루는 방법입니다. 어떤 집단(북극곰)에 속한 몇몇 것들이 어떤 성질(흰색)을 가지고 있다는 것을 경험(실험과 관찰)한 것을 근거로 그 집단에 속한 모든 것들이 이 성질을 가지고 있다고 판단("모든 북극곰은 하얗다.")하는 방법입니다. 만약 한 마리라도 빨간색의 북극곰(이것을 '반례'라고 합니다.)이 발견된다면 귀납법에 근거한 판단은 거짓이 됩니다. 따라서 귀납법에 의하여 지식을 발견하려고 할 경우 반례가 있는지 살펴보아야 합니다. 어떤 사실이나 주장이 있다면, 그 사실이 완전히 참임을 귀납법에 근거하여 증명하거나, 아니면 반례를 찾아 그것이 참이 아니라는 것을 증명하는 것은 합리적, 과학적

사고의 중요한 원칙입니다.

4. 일관성의 법칙 - 이치에 맞아야 한다!

'일관성'이란 앞뒤가 맞는 것을 말합니다. 처음과 끝이 한결같은 것을 의미합니다. 즉 이치에 맞는 것을 말합니다. 논리적이라고도 합니다. 앞에서는 옳다고 말하고, 뒤에서는 그르다고 말하는 것은 일관성이 없는 것입니다. 이것은 모순을 범하는 것이며, 모순을 지닌 지식은 진리가 아닙니다.

5. 단순성의 원칙 - 단순하게 하라!

어떤 것이 복잡하면 그 속에 심오한 내용이 들어 있을 것이라고 생각합니다. 그렇지 않습니다. 진리는 단순해야 합니다. 이것을 단순성 또는 경제성의 원리라고 합니다. 예를 들면, 아인슈타인의 상대성 원리는 이해하기는 어렵지만 그 원리는 단순합니다. 즉 상대성 원리의 공식인 $E=mc^2$은 거대한 우주의 현상을 아주 단순하게 설명해 줍니다.

6. 정직성의 원칙 - 정직하라!

과학자나 철학자는 있는 그대로의 사실을 밝혀내는 사람입니다. 나의 이익이나 자기가 속한 단체를 위해 사실을 다르게 말해서는 안 됩니다. 어려운 말로 말하면, 진리 탐구에 어떤 가치도 개입시켜서는 안 됩니다. 더 나아가, 자신의

이론에 오류가 발견되면 틀렸다고 말하는 용기와 정직성이 필요합니다.

우리의 사고는 놀라움과 두려움, 그리고 이것으로부터 생기는 의심으로부터 시작합니다. 파란 가을 하늘을 보고 놀라고, 억수같이 쏟아지는 비를 맞으며 두려워합니다. 왜 하늘은 저렇게 파랄까? 왜 비는 홍수가 되어 사람들에게 괴로움을 줄까? 이런 의심으로부터 우리의 사고는 시작됩니다. 이런 의심을 풀어갈 때 지켜야 할 원칙들이 있습니다. 이 원칙들을 이 책이 제시하고 있지요. 우리 주위에서 일어나는 여러 현상이나 사건들을 보면 그냥 지나치지 말고 "왜 그럴까?" 하는 의심을 품어 보세요. 그리고 이 책이 제시한 합리적, 과학적 사고의 원칙들을 적용해 보세요. 아주 멋진 진리가 드러날 것입니다. 이 진리가 여러분의 삶과 세상을 밝게 그리고 아주 흥미진진하게 해 줄 것입니다.

송광용
(미국 미시간주립대학교 철학과 박사과정 수료, 현 참착예생각연구소 소장)